JN419566

방황도 무늬가 된다

방황도 무늬가 된다

이여해 시화집

nol
bok

시인의 말

아늑하다. 고향 같은,
넉넉한 품 하나 생겼다.

2025년 여름
이여해

제1부 봄을 갉아먹고

제2부 그 꽃들 가져와

제3부 거기도 달이 있어요

제4부 어긋나는 스텝을 밟으며

제1부

봄을 갉아먹고

설레고 있다

숲이 움찔한다
게슴츠레 눈 뜨는 나뭇가지들

숲 바깥엔 폭 넓은 강 있어
나무는 귀를 연다

언 강 풀어지는 소리
강을 건너오는 사람들 소리

봄을 갉아 먹었다지

하루가 다르게 자랐지
쪼르르 봄 따라왔던 나뭇잎들
벌써 초록으로 여물어가네

봄을 갉아먹고 자랐다지,

어느 잎도 봄을 이야기하지 않았어
스스로 컸노라,
우쭐하는 몸짓들 보면 알지

유월의 따끈한 볕
잎 위로 내리네
단단한 근육질 몸이 되네

문득 보았네

먼 하늘 구름 얼굴

한참을 보는데 그만 보라는 듯
자신을 지우네

수평선이 드러나네
불쑥 해가 솟네

나는 보았네, 바닷가 돌무덤에 서서
해 뜨기 전 그를 보았네

나비의 셈법

지천에 꽃이다
노랫말 흥얼거리며 가는데
코끝에 따라오는 땀내라니

한참을 날았다
패랭이꽃 위에서
하룻밤의 사랑은 나만의 셈법
한 살림 붉게 차리고 싶다는 고백을,
손잡으려는데 쌩, 하고 고개 돌렸다
화가 났다

나, 호랑나비야
꽃 무리 속으로 들면 모두가 환호하지
자지러지지

지천에 꽃이다
뒤돌아볼 것 없다

붉은 흔적

구름이 듭니다
당신이 풀어놓은 물감 속으로
뒹굴어
붉은 늑대가 태어났어요
꽃잎 벙그러져요
늑대가 길게 목을 뽑아요
입을 벌려 소리 지르나 봅니다
세상에 태어난 첫울음일 테죠
생명의 소리 절정일 때 당신은
수평선 너머로 몸을 낮춥니다
어쩐 일입니까
당신이 없어 더 거대해지는 것들,
늑대가 몸을 부풀렸어요
소리 우렁찹니다
꽃은 송이송이 먼 곳으로 번져요
참, 말이 없던 당신
당신이 아꼈던 붉은 언어들
하늘을 덮습니다

복사꽃 피면

너 밤을 새웠지
기웃거리는 도적들 쫓느라

간밤엔 계절에 없는 비 쏟아지고
천둥소리 요란하더니
이 아침 고개 숙인 울타리야
발아래 꽃들은 웬 것이냐

세상 믿을 놈 없다 올 농사 망쳤다
발길질하는 밭 주인
두들겨 맞는 네 꼴이 상스럽다

너도 무너질 때가 있었느냐
가다 말고
숨 헐떡이며 째려보는 남자

둘 사이의 내가 난감도 하다

입이 없는 얼굴

사내의 어눌했던 고함
마당으로 던져지는 밥상
그릇 깨지는 소리
자지러지던 아가의 울음 담 넘어오던 날
지나는 사람들 수군거렸다

그 후 적막이 된 집
그들은 어떤 모양으로 살고 있는지
담벼락에게 물었다

그저 웃기만 했던 벽 앞에서
멋쩍었던 나, 벽의 얼굴을 그렸다

입이 없어 말이 없는 벽
틈이 없어 새지 않는 말

실눈을 그렸다

두고 간다

나도 너 같은 때가 있었으니

실컷 앓고 나서야
나갔던 정신 돌아오고 몸이 몸을 일으키더라

품에 품은 것들
날개 달면 날아간다는 것
함께 가던 세월이 어느 날 문득, 말해 주었다

내려앉은 어깨 부스스한 머리카락
흘러내리는 등이 낯설어 내가 쭈뼛거린다

잣죽을 끓였다
두고 간다

거기, 그냥 있거라

이방저방 기웃거린다
산을 내려온 능선의 굽은 등

집 모퉁이 돌다 돌아보는 고양이
동그랗게 뜬 눈은
거기 무엇을 보았다는 것이지

마당의 풀잎 어제보담 짙어
바람도 짙다

감나무 위 잡새
한낮의 긴 노랫소리 그득하다

빈집 아니지

꽃이여 안녕!

떠날 채비를 한다
마당의 목련꽃
처음 왔을 때의 고움이 아닌
얼룩진 몸으로

엄마는
꽃이라는 제목으로 글을 쓰고
동생은 화선지에 목련의 뒤태를 그린다
내가 바이올린으로
'모든 날 모든 순간'을 연주하면
이별은 조금 더 가까이 온다

봄과 함께
시와 음악이 있는 우리집으로 온 꽃
함께 흥얼거렸던 시간들
만남의 시간이 다한 우리는 서로에게
손 흔든다

꽃이여 안녕!

두 귀만 남겼네

바람벽이
눈, 코, 입을 지웠네
어디서 다시 볼 것이냐며 눈물 찍어내는데
나를 보지 못하네

그대,
바람으로 왔다가 바람으로 잦아 들었나요
빈 벽에 남긴 두 귀

나는 언제까지 여기 서서
당신을 기억해야 하나요

바람 없는 이곳에서
벽은 왜 자꾸 흔들리나요

묻습니다

노루의 눈

상추잎을 다 갉아 먹었다
저놈! 저놈! 하며 쫓아가는데
노루란 놈
도망가다 말고 걸음 멈춘다

동그랗게 뜬 눈,
이게 네 땅이냐고 묻는다
느닷없는 물음에 멈칫한다

그래, 내 땅이다
안으로 기어드는 말
풀쩍,
울타리 뛰어넘는 노루

숲 밖으로 날아간 새

새들 노래하는 아침이다
저마다의 음색과 화음으로

몸 살랑이는 이파리들 숲은 문을 연다

경쾌한 걸음으로 드는 빛살
나무는
구렁이에 먹힌 들쥐를 본 간밤을 잊는다

숲 밖이 웅성거린다
아랫동네에서 바람이 물고 온
한 노인의 고독사를
쯧쯧 안타까워하는 사람들이다
고독은 앰뷸런스에 실려가고
배웅하는 사람 없어 뒤가 쓸쓸했다는
소문이다

새 한 마리 숲 밖으로 날아간다

고독한 새였나 보다

고독인가 보다

달빛 조각

뒷짐 지고 걷는 외길에서
이름 하나씩 붙여보는 거야

나무 아래 내려앉은 잎의 그림자들
다른 무엇이 되려 궁리하는 이탈자

풀잎에 앉은 밤나비 곁을
온밤 밝혀 서성이는 달빛 조각

구멍 난 땅바닥
끼어 든 흰 돌멩이

기웃거려야 보이지
가난하다거나 여린 것들은

그때와 지금

몸에 핀 난초와 매화
마당의 잡초와는 격이 달랐어

내 몸에
난을 치고 매화를 그리던 그 사람

늦가을 국화 피면 시를 읊었어
주거니 받거니
우리 한세월 풍월 읊었지

여기저기 몸이 삐걱거려
그만 일어나야겠네
앞선 세월이 자꾸 돌아 보이네

길에 나 앉네
그 사람 숨결이 들리네

방황도 무늬가 된다

개떼처럼 몰려다녔다가 집을 나온 우리들, 들판의
곡식을 헤집고 산을 올라 늑대 울음 흉내 내면, 들개
무리 흩어져 뛰었다 산과 들 아무 데나 누워 한뎃잠
자면, 하늘의 별은 내려와 귓속말을 한다 지상을 빛내
는 별이라고

우쭐해지는 어깨 솟구치는 힘, 주먹을 불끈 쥔다 바
른 길을 가야 한다고, 복습은 꼭 필요한 것이라며, 닦
달했던 아버지 보이지 않아 이리저리 살피는데 아버
지, 나타나셨다 방황도 무늬가 된다고 엄지척을 했다

방황은 짧아야 한다는 경고의 말씀도 날리셨다 뜻
밖이었다

제2부

그 꽃들 가져와

가끔은

골목 안 어둠에서 등 돌려
면벽수도 하는 수도승이었다가

난장에 홀로 춤판 벌이는 각설이였다가

낡아 버려진 신발 밑창이었다가

당신,

그림을 그렸다죠 우울할 땐

그 우울에 끌려 어딜 가나요?
어깨엔 화구를 양손엔 캔버스를
당신은 틀림없는 그림쟁이
뙤약볕 속, 보리가 익는 들판을 가네요
그곳에 가서 그곳을 그리려는 듯

혹, 머리 위 태양이 내부를 갉아 먹기라도 하나요
아니면 당신의 우울이
가끔 괴롭힌다는 불안 초조가 그림자 속으로 들었
나요
함께 가는 그림자 검은빛 짙어요

내 눈, 그림자에 머문 사이
당신의 두 눈은 나를 꿰뚫고 있었네요
불안정한 심상을 들여다본 나를 오히려 읽고 있었
나요

눈빛 너무 강렬해 더 이상 보지 않을래요
당신의 자화상,

폭염의 시간

겨울 코트를 걸쳤어요
머리엔 꽃을 꽂았네요
첫 번째 여자예요
헝클어진 머리 찌든 땀 냄새
볕이 몸을 갉아 먹나 봐요
점점 야위고 있어요

두 번째 여자예요
꽃을 입에 물었어요
삭발하고 수영복을 입어
모델이라도 되는 듯
딴엔 포즈를 취했어요
전직 모델이었을까요

그만 돌아가 주세요
우리의 죄를 알죠
많이 먹고 많이 배설해
지구를 힘들게 한 죄

실성한 여자가 또 나올까
걱정이에요

저, 여자예요

담 넘어온다

슴슴한 콩나물국 냄새
여자는 이 아침에도 술국을 끓이나 보다

매 맞는 소리 울부짖음
빗소리 속으로 흩어진 밤이었다

꿈이었나?
간밤을 기억하려는데
바닥에 흥건히 빗물 고였다

달그락 그릇 부딪는 소리
아침 해가 그 집을 기웃거린다

나는 댄서였어

대전부르스,
색소폰 소리 환청으로 듣는다
내 몸이 흐느적인다
키가 큰 허깨비 껴안고 부르스를 춘다

환락의 밤이었지 영원하리라 했던

기억에 남는 산제비나비 유별나게
손이 뜨거웠어
사랑한다는 말 밤마다 했어
나 구름패랭이꽃에게,

구름 속에선 무릎 관절통 괜찮아
부르스는 더욱 괜찮아

모레 보름밤
흰술패랭이꽃 수염패랭이꽃 초대하고선
우리 멋지게 부르스 추면 어떨까

배웅은 새가 했다

허구로 살거라
꽃이 없어도 꽃밭으로 걷고
구름이 아니어도 구름을 타거라
허공은 생각대로 되는 곳이란다

네 몸은 땅에 있고
어미는 아비는 무릎 꿇고 고개 숙였다

가볍게 하늘 오른 너
지상과 이별이구나

너를 시험에 들게 한 시험지들
쓸모없는 종잇장 되어 바람에 난다

잘 가거라
나처럼 훨훨 날거라

보았나요, 혹

그믐밤이었죠
어둠은 모두를 가렸지만
울음꽃은 밝혀 두었어요 하얗게

울음 깊어, 울지 못하는 꽃을 울음꽃이라 했던가요

그 꽃들 가져와 내 방에 걸어 두고
목통 안에 갇힌 울음
실컷 울라고 하려는데 보이지 않아요

여리고 긴 목으로
어느 길목에 서 있기라도 할까요
찾을 수가 없어요

초롱한 눈망울 두고
머리 위 구름 쫓아간 여자를

어둑한 미래

샘요! 샘요!
샘들은 나오지 않고
담 너머 바람이 훌쩍 담을 넘어온다
딱히 데려갈 것도 손잡고 갈
누구도 아니면서 앞에 가 선다

샘요! 샘요!
여전히 떨리는 음성으로 부르다가
소리 작아지는가 했더니 꾸벅 졸고 있다
해는 건물 뒤로 훅 떨어지고
무표정한 얼굴의 샘이 나와 휠체어를 민다

노인의 어둑한 미래가 뒤따라가는
노치원 마당엔 모였던 바람 흩어진다

서늘한 그늘 길게 내리는,

간이역

대합실 눌러앉은 긴 나무의자
여기저기 집 짓는 거미들 구경하고 있다

그 겨울 뜨거웠던 쇠난로
그를 중심으로 둘러앉았던 사람들은 늙어 세상을
떠났거나
도시로 떠났거나, 그들의 입김과 고인 말들로 안은
눅눅하다

기차가 끊기고 아지랑이 피던 봄날
철길 걸으며 산모퉁이 돌아간 사람, 돌아오지 않아
그리움이 커진다는 폐쇄된 역사이다

풀들 우거지고 숲 깊어지는 곳에, 조금씩 숲이 되어
가는
나의 오랜 연인이다

그런 날이 있었다

구순의 엄마가
엄마 찾던 날이 있었다

보고 싶다는 말
가락이 있는 흥얼거림으로

그 나이에도 엄마를 찾다니 했다

얄궂은 엄마를 지금 내가 찾는다
빈방을 자꾸 들락거린다

엄마 없는 고적한 방을

거울을 본다

화가 난다
그 흔한 뱃살조차 없는 듯해
그동안 뭐 하고 살았니?

긴 목은 가난이 뚝뚝 흘러
눈 흘겨진다
낡은 물색 원피스 올여름도 그것이냐

어쭈, 째려보는 눈빛이라니
그 꼴에 성깔이라니
볼때기 한 대 맞아야겠다

쨍 소리에 쉽게 조각 나는 너
화가 나 밟는다
밟을수록 밟히기만 하는,

불쌍하다 밉기도 하다

강술로 때운 저녁

잔뼈가 굵었다
마당에서 감나무와 나

고향에 뼈를 묻어야 한다는 말
귀에 못이 박히도록 들었다
아버지 촘촘한 그물망 속에서

어느 날 대문과
담장을 헐고 나가신 아버지
안과 밖 경계가 사라졌다

실컷 마신 술
몸에서 아버지 냄새가 난다
눈물이 콧물이 흐른다

해마다 붉은 감 매다는
감나무를 보아라,

아버지 벼락같은 소리
하늘에서 내리친다

어제의 얼굴

볕이 좋아 너도 맑음이다

어제는 어둑한 잿빛이었어
곧 울음이 터질 듯
묻지 않았지 무슨 일 있었냐고

그날 요란했던 천둥소리, 번쩍
번개가 네 방을 침범했을 때
이불 뒤집어쓴 채 크게 울었지

아침은 간밤을 모른다는 듯
네 방문을 노크했어 웃는 얼굴로

그런 거야
어제는 어제일 뿐인 거야

배경

구름이 남쪽으로 가고 있다
여러 마리의 말이 달리고 있다

허공을 나는 새는 하늘을 등에 업었지
별을 안고 달을 품은 하늘을

봄이면 촉 내미는 여린 것들
온 겨울 온기로 품은 땅을 등에 업었지

강풍에 뽑히지 말라고
뿌리를 단단히 잡고 있지

할아버지 그 할아버지로부터 내려온
수만 평이나 되는 땅이지

하늘과 땅은 누군가의 배경이지

제3부
거기도 달이 있어요

無와 有

빛바랜 낙엽을 태웠다
남은 재마저 바람에 날렸다

어젯밤 꿈에
지상에 없는 그를 만났다
여전히 환하게 웃는 그를
없다고 말할 순 없어
기억은 그를 보내지 않았으니

사라지는 연기 속
어렴풋 그가 걸어 나온다

징검돌 되어

나를 딛고 건너세요
개울을
물속 하늘이 멀죠
거기도 달이 있어요

당신의 걸음에서
가볍지 않은 무게를 느낍니다
발밑에 묻어온 낙엽 조각
종일 울다 떨어져 나온 귀뚜라미
목을, 등에 얹어 두었네요
달빛은 보가 되어 우리들을
덮습니다 온기가 돕니다
귀뚜라미가 남은 울음
마저 우는지 훌쩍거립니다
낙엽은 내 등을 만지작거려요

오늘은
당신이 두고 간 것들과

마주하겠습니다
온전하지 않아 슬픈
아름답기도 한 얼굴들입니다
순해지는 것들의
마지막 손을 잡겠습니다

심천에 가을이 들면

내川는 몸을 낮추어
물살에 깎인
돌의 둥근 얼굴을 들어 올린다

여기저기 고인 물은 스스로 흘러가지 않았거나
흘려보내지 않은 말이다

여울목에선 물소리 어룽지다
모난 말들 톡톡 물방울 튕긴다
그래, 못한 말 있으면 털고 가야지
지난여름은 크고 단단했었지

느닷없이 숲에서 뻐꾸기가 운다
가을의 발을 씻기며 내는
귀를 연다

헐거워진 시간

아침 햇살 너도 나왔느냐
밤새
그렁그렁한 목소리로 누굴 그리 불렀니

꿈속의 그는 대답이 없었느냐
우리 옛날은 잊기로 하자

그날 웅덩이 속 조각달의 쓸쓸했던 표정도
커피와 빵이 있는 식탁에 앉아
영원을 이야기한 그도
저녁이면 기다린 초인종 소리도 놓아버리자

오롯이 나로 남아 눈 감으면
추억은 다시
저마다 물색이 된 잎으로
우리 앞에 와 팔랑이기도 하겠지

물음표 하나

이승의 마지막 재 올릴 때
나비 한 마리 관 위를 날았다
관 속을 나온 영혼에게 간택이라도 되었을까
장의차에 관 옮겨지니 나비는 사라졌다

꽃 찾아 떠났을까
꽃과의 사랑법을 익히며 한 생을 살기 위해

상복 입은 사람들 차에 오르고 장의차는 떠났다

나비는 그의 전생을 알기나 할까
모두가 떠나고 없는 마당에
물음표 하나 긴 말뚝으로 박힌다

개개비 날아든다

꽃대에 앉은 새
활짝 핀 꽃잎 늘어뜨려 새를 감싸는 꽃

지저귀는 소리 빗소리가 가둔다
발걸음 끊긴 날 둘만의 공간이다

그러나 어쩌지 내가 보았으니

소낙비 오는 연못에

풍월장 여관

西로 가야지요
워낙 노쇠해 거동이 어렵지요
반짝였던 총기는 나뭇가지로 잘려 나가고
등걸이 된 몸만 남았죠

이런저런 스쳐간 사람들
알만한 이름들
그대 등에 낙서로 갈겨져 있어요

야반도주하듯 쫓겨온 그에겐
뒷골목 사이 사잇길을 알려 주며 보냈던
그때의 그가 빌딩 지어 놓고 찾아온 날
미동도 하지 않았어요

사방 통유리로 된 집에 살게 하겠노라 했죠

눈물 훔치며 떠나는 그에게

회생이 불가능했음을 몸으로 보여 주었죠
부축할게요
꽃빛 노을이 있는 西로 가야지요

서쪽 창에 볕 들어

햇볕을 가리려
빨강 파랑 물감을 칠한다

서로에게 스며들어 번져나기도
구불거리는 물결이기도 하다

물소리 날까 귀 기울이는데
귀가 번쩍, 눈을 뜬다
신음이듯 앓는 소리다
화려함 뒤의 어둠이다

눈으로만 보아야 했을까

띄엄띄엄 낮은 지붕들이
누구네 집 감나무가 여전히
구부정한 채 담 너머를 내다보는

아직 서쪽 볕을 모르는 발들이
골목을 어정거린다

가을이야

나뭇잎 떨어져
마른풀 위에 흩어지네

발에 밟히는 것들이라며
온 여름 하대 했던 풀의 등에 얹혔네
풀은 내치질 않네

마련해 둔 집이 있어
밤의 서늘함 쯤이야 걱정 없노라며
집으로 가자고 손잡네

낙엽은 부끄러운 얼굴을 하네
돌아갈 집이 없다는 것, 부끄러울 일이지

화답을 해야지 낙엽아!
가을이잖니

국화를 그리다가

당신의 계절은 어디쯤입니까

간밤엔 서리 내려 아침 햇살이 움츠렸어요

햇살 뒤에 보이는 흰빛 혹 당신입니까
얼른 일어나세요

늦은 것이 아닙니다 오직 당신만의 계절입니다

먼 데를 본다

정상에 오르면
내려다보리라 했습니다
그러나 눈은 먼 능선을 봅니다

능선과 능선 사이엔 구름이 있습니다
너머엔 바다가 보입니다
더 너머엔 없습니다
상상의 눈은 뜨는 것이 아니죠

한 무리 새가
능선을 넘어 멀리 날고 있습니다
눈이 편안해졌습니다

지금 산을 내려간다면
늦은 저녁 술 취해 비틀거리는
당신에게도
웃음으로 맞을 여유를 얻은 셈이죠

우리 이젠

동네를 떠나 앉은 저 능선이어도 좋겠어요

누군가가 가끔은 바라보기도 할

여자가 온다

휠체어를 타고 온다
누르스름 병색 짙은 얼굴로
눈을 감았다

여자는 지금 세상 어디쯤일까
아픔의 민낯을 보았다는 것
여자가 모른다는 것에 안도를 한다

민들레 꽃길의 강변을 걸은 적 있다
그녀 단발머리에 꽃을 꽂아 주기도
흐르는 강물에 돌 던지기 했던
그때가 돌아와 나를 놀라게 한다

무릎을 꿇는다
그곳을 떠나온 후 뒤돌아본 적
없었다는 것에 고개 숙인다

여자는 병동으로 가고

어쩌자고 나는
여기 서 있기만 하는지
날은 어두워지는데

기척 없이 살아

달은 밝고 숲은 고요한데
네 소리 크고 높구나
땅에 떨어진 도토리 귀를 열고
풀벌레들 따라 운다
산이 움츠리는구나
여름 큰 비에도 꿈쩍 않던 산이,
우리 만난 적이야 없지만
네 울음에 슬퍼진다
소리에 걸림이 없어
부끄럼 없이 살았구나
세상 부끄럼 없기란 쉽지 않지
처음부터 너는
낮은 곳에서 낮게 사는 것들과
이웃했다는 것 알지
더 높은 곳을 보려 발꿈치 들었던
내가 부끄러워진다
귀뚜라미야

느닷없는 울음에 놀라
귀 기울인다

소풍이나 가거라

빠질 만도 했지 그 세월에

사발의 둥근 선 손으로 굴리는데
빠진 이빨에 손이 걸린다

내가 흰 드레스 입고 면사포 썼을 때
첫 손녀 품에 안았을 때
함박으로 웃어 가지런했던 이빨이
어느 때부터는 손으로 입 가려 웃었다

꽃무늬 밥그릇은 너 가지라고
오래 정들어
오직 당신 것이어서 좋다고 했던 밥사발
그를 보듯 책장 위 칸에다 두었다

오늘은 그 밥사발이 말을 한다

가을이다
곳곳에 꽃 피었다 꽃세상이다
소풍이나 가거라

흰 도라지꽃

새야! 산엘 가면
산수유 피던 봄꽃 보러 간
어린것들 찾아보렴

가까이 있을 오두막
고물거리며 나오는 노인은
그들보다 먼저 간 조상일 거야

밤낮 사립문 열린 집

마당 가 샘을 둔 까닭이사
어린 것들 목마르지 않기를 바라는
마음일 게야

모두를 눈에 담았다 돌아오면
세상에 없는 그들 거기 있었다고
볕 좋은 비탈에 흰 도라지꽃
흐드러지게 피었더라는

＞

한겨울에도 가슴팍 열어젖혀
맨발이 된 여자에게 말해 주렴

제4부
어긋나는 스텝을 밟으며

겨울나무

웃자란 가지를 뚝뚝 끊네
바람에 걸리지 않게
새의 둥지는 그대로 두었네

새는
뒤돌아보지 않고 날아가네

무채색 나무의 몸빛 싸늘함이 느껴져
쉬이 다가가지 못하고 뒤에서 바라보네

한 무리의 새가 산을 넘네

내부 어디쯤을 응시라도 하는가
나무는 고개 숙였네

길게 누웠네

강은 바닥을 드러냈네

초록의 물빛은 어디로 가고
여기저기 모래톱 강을 지키는가
강변의 꽃들은 또 어디로 갔는가
할미꽃 되어 강을 돌아앉았다는
소식, 듣긴 했네만
굽은 등은 어디에도 보이질 않네
나, 사람들 틈에 부대끼다
서로의 몸 부풀리기 하다
여기 강으로 돌아왔네
멱감고 물장구쳤던 얼굴들
보이지 않고
폐허가 된 집들만, 코가
입이 없는 얼굴로 나를 살피네

사방 어디에도 없는 초록을

실없이 기웃거리네

긴 강변을 혼자 걸었네

웃음이 슬펐다

엉거주춤 서 있는 나무야
목피엔 얼룩덜룩 무늬가 생겨

뿜어내는 자동차 열기에 뒤집어쓴 먼지에 꽂은 꽃
이 아니네

백일은 붉어야 한다는 꽃
가로수 되어 오던 날 이미 알았지, 네 슬픔을

너 웃고 있지만 웃는 게 아니라는 것 알지
사는 게 힘들다고 너무 뜨겁노라고, 소리 질러도 돼

누구의 탓이라고도 말할 수 없는 오늘
내가 슬퍼진다
하늘과 땅이 끓는다

삐딱하게 누웠다

풀숲에 버려진 의자

하늘이 낯설어 두리번거리는데
여름벌레들 친해지자고 말을 건다
밤의 별빛도 그러했다

풀 냄새가 어색한 듯 쭈뼛거리는 의자

하루가 지나자 왕거미
그를 지지대 삼아 집을 짓는다
또 하루 지나 새끼 거미는 기어와
몸을 누이고 낮잠을 잔다

지긋이 눈 감는 의자
삐딱했던 세상이 바로 서는 듯
두 팔 벌려 품을 넓힌다

어쩌다, 끝물이

누렁덩이 호박들
가을로 가는 트럭에 실려 갔다
작아서 푸르덩덩해서 안된다고
손사래 친 그들도 돌아갔다

생계가 막막하다
몸을 팔아 식솔들 거두어야 하는데
뱃속의 씨알들 벌써 알고 우굴거린다

가을로 가야 한다
도로변에 나와 손 흔든다
트럭들 그냥 지나갈 뿐
자칫 날밤이라도 새면 어쩌나,
올려다본 하늘에
낮에 없던 조각달이 걸렸다

설렘이 온다
첫물과 끝물의 차이를

가을로 가는 길에서 이야기할
누군가가 생겼다는 것

그곳의 그가 되어

곧장 돌아서 갔죠

흔들릴 나뭇잎 하나 없는 겨울은
두려움의 계절입니다
어김없이 찾아오는 고열
한 열흘 앓고서야
창을 기웃거린 아침햇살 눈으로 들죠
손 내밀면 일으켜 주는 당신입니다

갈색 외투 벗어
입혀 주고 떠나던 당신의 뒤는
잿빛 쓸쓸이었죠

손끝에서 느꼈던 온기
온몸으로 전해오는 아침입니다

곡계리 덕장에서

지붕을 두지 않은 까닭이사, 산 넘어온 바람들 들고 나기 좋으라는 것이지

잡혀 온 놈 중에는, 큰놈 작은놈 멍청한 놈 약삭빠른 놈 다 있을 텐데, 쇠갈고리에 걸려 하나 같이 입을 벌려, 눈까지 버럭 뜨고 있어, 무섬증에 몸이 오그라지는데, 한 바람이 여기 알밴 놈 있다, 라고 소리친다 바람들 그곳으로 눈이 쏠리고

느닷없이 잡혀 와 풍장으로 가는 몸들을 보면서, 누군들 죽음을 피해 갈 수 있겠나 앞서거니 뒤서거니 할 뿐이지, 한마디 하고 나오다 말을 너무 쉽게 했나? 하고 돌아보는데 그새 내린 눈으로 명태의 눈이 덮였다

그래 눈은 감고 가야지

그날,

마당에 자리 깔고 눕던 밤
홑이불에선 눅은 냄새가 났다
이게 사람 냄새인가
몇 번이나 코에다 댔었다

하늘의 별이 그리 많았다는 것
턱밑까지 닿았던 파도 소리
늙은 해녀가 어미였으면,
상상으로 온밤 뒤척이다
새벽 어스름에 떠나왔다
젖을 구석조차 없는 옥탑방으로
돌아오게 한 힘을 얻은 셈이다

소라와 전복이 얹힌
나를 위해 차렸다는 상
누군가와 함께 먹었다는 밥
마음 한자리에 그를 들였다
나와 같이 혈혈단신이라는

다시 가리라 그에게
촛대바위에 올랐던 까닭도
이야기하리라

幻影

우린 왜
슬픔을 슬프다고만 하나요
저녁이면 내게로 오던 사람
젊음과 함께 떠났어도
슬프다고 할 수는 없죠
뒤쫓아 가면 어떨까요
거기 방마다 불 밝혀
당신의 초상을 벽에 거는 거예요
분홍 커튼을 내리면
가까워 오는 구둣발 소리
습관처럼 문을 열어요

떠날 때 그대로인 당신
당신도 그대로야
우린 와락 끌어안으며
명쾌하게 웃겠죠
그리고 춤을 추어요

어긋나는 스텝을 밟으며

낙엽 이야기

떠나려 합니다
얼굴은 차고 두 손 가지런한 채

흙빛을 닮으려는 몸을 보면서
슬프거나 측은하다고 할 순 없죠
그저 바라보기만 해야죠

부스러져 가는 잎맥 곁엔
여름벌레 갉아 먹은 자리
지나간 자리, 깊게 패였어요

여러 생명 키운 흔적이죠
구멍 나고 뜯겨 나간 한쪽 어깨
누군가를 위한
삶이었음을 보여 줍니다

봄이면 살구꽃 피는 마을

지붕들은 검은 리본을 달아
묵념에 들었죠 인사를 합니다

안녕!

밤사이 꽃은 지고

야단법석이다
꽃들은 어디로 갔는가, 하고

나무는 말이 없고
꽃을 보러온 사내들은 나를 째려본다
장물아비가 되어
숨기기라도 했다는 것인가

도망칠 것이라고
몸을 일으키는데 등이 뜨겁다
몸을 내어준 꽃들의 체온이었다
우린 아무 일 없었노라고 말하려는데
주먹이 날아든다

아악, 소리가 나를 깨운다
벌떡 일어나 내다본 창밖
만개한 꽃들이 사라졌다

바닥에 떨어진 꽃잎

아직은 풋풋함이 남아 있죠

바람 따라가다가
구르는 빈 깡통 속으로 들면
울퉁불퉁 바닥에 부딪히는 소리, 음악처럼 듣다가
어느 시장 귀퉁이에 멎어 비릿한 내음에 젖어도 좋을

늦은 퇴근길
바짓가랑이에 묻혀가
집안으로 든 그에게 매달리는 아이들과
저녁상을 차리는 아내가 있는 풍경을 보기도

조금씩 물기 잦아들면
어둑한 구석에서 다음 생을 꿈꿀 수 있게
바닥에 떨어진 꽃잎 쓸지 말아요

여러 개의 얼굴이 있다

종착역이라 한다
뒤돌아보아야 한다는

꽃모가지 꺾어 향기 밟은 적 있다
덧칠한 화장 콧대 높였던 얼굴
텅 빈 속 들여다본
부끄러움을 아는 얼굴도 있다

지난 시간을 나열해 본다
역 마당 긴 나무 의자에

지금의 나는 어떤가,
묻고 싶은데 사람이 없다
해 질 녘 볕이
싱긋 웃으며 뒷걸음칠 뿐

철길엔 잡초들 저리 무성하다

낯설다 혼자라는 게

견줄 것 없다

간밤에 비 내려
고인 물 생겼다
한 삼일이면 잦아들

생긴 대로 사는 거야
다들 다르잖니

저기 웅덩이 물과는 견줄 것 없다
너도 하늘 들이고 새소리 들었잖아

까치가 날아와
물 한 모금 먹고 날아갈 때 너,
살짝 흔들렸어

한 점 꽃잎, 세월의 저편으로
– 이여해의 시 세계

정훈(문학평론가)

꽃, 이라는 말을 들으면 꼿꼿이 귀를 세우거나 늘어뜨린 조각의 빛깔이 떠오른다. 이 꽃은 시인들이 가장 즐겨 쓰는 시어이기도 하다. 봄이든 여름이든, 혹은 가을이든 산천과 들판을 수놓은 무수한 꽃잎을 따라가다 보면 시간을 잊은 채로 허공 속으로 훨훨 날고 싶어만 지는 건 비단 나만의 생각은 아닐 것이다. 오랜 시간에 걸쳐 꽃이 지고 다시 피어난다. 인간의 삶이란 게 한 송이 꽃보다 훨씬 오래 견디지만, 멀고 먼 태곳적부터 헤아린다면 결국 인간은 순식간에 피었다 지는 꽃만큼도 못 한 생명의 호흡에 지나지 않을까, 생각이 들기도 한다. 복잡한 세상일이나 하루에도 몇 번씩 들락거리는 사람의 마음이 힘겹거나 버겁더라도 먼 시간의 지평에서 흘러가는 모든 존재의 표정을 떠올리면 일희일비하는 존재의 양상도 사소한 응석에 불과할 따름이다. 그래서 어떤 이는 허무와 고독에 휩싸여 이 세상을 건너기도 한다. 혹은 명예와 부귀에 목숨을 걸면서 세상의 이치나 순리 따위 거들떠보지 않는 삶을 살기도 하는 것이다.

　이여해 시인의 시편은 허무한 존재인 인간이 바라보는 식물과 자연의 변화가 어떤 아름다움의 물결과 무늬를 만드는지 실험하는 공간이다. 덧없이 사라져가는 것들과 함께 무리 지어 아지랑이처럼 피어오르는 것들이 서로 교차하는 지점에 삶의 고독이 생겨난다는 사실을 독자에게 보여준다. 그 짧은 낱말과 문장 속에 삶의 진득한 한숨이 배어 있다. 그리움이라거나 추억 등도 언뜻언뜻 손을 내민다. 수많은 기억 속에 책장의 갈피처럼 숨겨져 있는 시간의 지층을 한 장 한 장 펼쳐 보이는 시인의 손에는 흙과 공기와 바람과 꽃잎과 줄기가 버무려져 상큼한 냄새가 난다. 이번 시집에 그런 내음과 그림자가 어른거린다. 여기에는 역사와 이데올로기가 지워져 있다. 사실 역사나 이데올로기가 무거운 중력을 끌고 가는 실존적인 한 인간의 비명 같은 시 언어와 무슨 상관이 있으랴. 한 사람이면 족한 것이다. 시인 자신의 세계이거나, 시인과 각별했던 인연을 맺었던 사람이면 충분하다. 그밖에 무엇이 중요할 것인가. 시는 그렇게 한 사람이 오랫동안 기억하고, 저장하고, 생각하고, 보았던 체험의 자락을 하나씩 언어로 꺼낸다.

먼 하늘 구름 얼굴

한참을 보는데 그만 보라는 듯
자신을 지우네

수평선이 드러나네
불쑥 해가 솟네

나는 보았네, 바닷가 돌무덤에 서서
해 뜨기 전 그를 보았네
— 「문득 보았네」 전문

시인이 위 시에서 바라보는 대상이 하늘이거나 구름이거나 혹은 오래전 알고 지냈던 사람이거나 처연히 무엇을 떠올리는 장면을 생각한다. 말간 수채화처럼 바다와 구름과 하늘과 시인이 서 있는 공간을 생각한다. 구름이 지난 자리에 선명해지는 수평선과 해, 이 무한하게 되풀이되는 자연의 운행은 바라볼수록 신비에 가깝기만 하다. 물론 자연은 두말할 필요도 없이 생명의 배경이요 핵심이 되는 세계다. 여기에서 문득 한 사람이 떠오른다. 이 사람은 지금 이 세상에 없을 수도, 만나고 싶어도 더 이상 만날 수 없는 사람일 수도 있다. 만나려고 하나 만나지 못하는 사람이 어느 날 어느 곳에 갑자기 생각 한복판에 끼어들 때가 있다. 이런 상념을 그리움이라는 감정에 넣게 되면, 지금 삶은 그리움을 버티면서 시간의 등줄기를 타고 언제 도착할지 모르는 생의 열차에 탑승하는 풍경인 셈이다. 이런 풍경은 극도로 내밀한 것이어서 시인 자신도 의식하지 못하는 새 불쑥 튀어나오는 이물스러운 이미지다.

새들 노래하는 아침이다
저마다의 음색과 화음으로

몸 살랑이는 이파리들 숲은 문을 연다

경쾌한 걸음으로 드는 빛살
나무는

구렁이에 먹힌 들쥐를 본 간밤을 잊는다

숲 밖이 웅성거린다
아랫동네에서 바람이 물고 온
한 노인의 고독사를
쯧쯧 안타까워하는 사람들이다
고독은 앰뷸런스에 실려 가고
배웅하는 사람 없어 뒤가 쓸쓸했다는
소문이다

새 한 마리 숲 밖으로 날아간다
고독한 새였나 보다

고독인가 보다
　　　　　　　　　－「숲 밖으로 날아간 새」 전문

　뜻하지 않게 찾아오는 이물스러움은 우리에겐 익
숙한 몸의 사건처럼 아무렇지도 않게 넘어간다. 시인
은 그리움의 원천을 헤아리다 슬며시 지는 해를 바라
보면서 삶의 의미를 궁리하기도 한다. 우리 모두 그럴
것이다. 「숲 밖으로 날아간 새」에서 "숲 밖이 웅성거린
다/ 아랫동네에서 바람이 물고 온/ 홀몸노인의 고독

사를/ 쯧쯧 안타까워하는 사람들이다"에서 진술한 숲
밖 세상의 이야기는, 바로 우리가 몸담고 살고 있는
인간 세상의 온갖 소식 가운데 하나에 불과할지도 모
른다. 그리고 숲 밖으로 날아간 새 역시 제 살던 공간
인 숲속을 벗어나 홀로 고독의 세계로 진입하였을 것
이라고 시인은 상상한다. 숲의 공간이 머금은 세계는
평화와 사랑과 행복이 깃든 곳일 수도 있다. 여기에는
새들뿐만 아니라 온갖 다채로운 생명체들이 자신들만
의 법칙과 원리로 숨 쉬는 곳이다. 숲과 인간 세상, 그
리고 자연의 이치가 원활한 곳과 인위적이고 인공적
인 기획에 갇혀 숱한 상처와 고름을 양산하는 곳의 대
비는 시인으로 하여금 존재의 비애를 불러오기에 충
분하다. 고요함을 깨뜨리고 진입하는 날 선 비명의 세
계 속을 시인은 살고 있다. 시인뿐만 아니라 인간 모
두 비명과 울음이 흐르는 곳에서 하루하루 생명을 지
탱하고 있는 것이다. 멀리서 바라보는 숲의 고요함도
어느 날 어느 때 그 평화에 균열이 생기는 법이지만,
이편과 저편을 가르는 경계를 응시하는 시인의 눈매
는 복잡해지지 않을 수 없다. 허무와 고독이 진하게
물들어 가고 있기 때문이다.

　　그믐밤이었죠

어둠은 모두를 가렸지만
울음 꽃은 밝혀 두었어요 하얗게

울음 깊어, 울지 못하는 꽃을 울음꽃이라 했
던가요

그 꽃들 가져와 내 방에 걸어 두고
목통 안에 갇힌 울음
실컷 울라고 하려는데 보이지 않아요

여리고 긴 목으로
어느 길목에 서 있기라도 할까요
찾을 수가 없어요

초롱한 눈망울 두고
머리 위 구름 쫓아간 여자를
                                    ―「보았나요, 혹」전문

　　위 시에 나오는 소재인 밤과 꽃과 여자와 구름과
같은 이미지가 하나의 감성으로 수렴된다면 아마도
몹쓸 그리움의 공간에 웅크려 있는 어떤 울음일 것이
다. 혹은 울음을 한껏 머금으면서도 토해내지 못하고

간직하면서 살아갈 수밖에 없는 생명일 것이다. 화자가 불러내는 존재는 특정한 사람이나 사물이다. 하지만 중요한 사실은 시인이 호명한 그런 대상이 복잡하게 얽힌 속에 쓸쓸하게 몰려오는 회한의 감정이다. "여리고 긴 목으로/ 어느 길목에 서 있기라도 할까요/ 찾을 수가 없어요"라는 진술에서 그런 이미지를 본다. 길목에 서서 무엇을 기다리고 있었던 한 여자를 회상하면서 상념의 밑바닥에 고인 듯 어느 때라도 화자의 생각 속에서 불쑥 튀어나올 것만 같은 존재를 그린다. 어둑어둑한 배경에서 희미하게 서 있는 존재의 실루엣과, 그 실루엣이 데리고 오는 갖가지 기억과 그리움이 버무려 있는 위 작품은 이번 시집에 드러나는 특징 가운데 하나인 상실감이나 아련함과 관련이 깊다.

인연이 의지와 무관하게 우리 곁을 스쳐 지나가는 것처럼, 시간은 우리를 제자리에 머물게 하지 않고 세월의 손아귀에 떠민다. 아쉬움과 미련이 사라지지 않고 남아 회한의 정서를 만들어 내지만 그 회한이 쌓이면 어느덧 삶의 풍경 하나 그리게 되는 게 인생이다. 그래서 누구나 완전하거나 무결無缺한 삶을 살아가지는 않는다. 이는 사람이 지닌 한계에서 비롯되기 때문이기도 하지만, 이성과 감성의 교란이 때때로 삶의 온전한 방향을 흐리게 하기 때문이다. 선택의 갈림길

에서 머뭇거리다가 회오리처럼 밀려오는 세계의 일그
러진 풍경에 몸과 마음이 휩쓸리게 되는 숱한 경험이
그늘처럼 삶의 나이테를 슬게 한다. 이 나이테에 긁히
고, 문드러지고, 쓸린 자국마다 피어나는 그리움은 하
루에도 여러 번씩 시인의 마음에 어른거린다.

아침 햇살 너도 나왔느냐
밤새
그렁그렁한 목소리로 누굴 그리 불렀니

꿈속의 그는 대답이 없었느냐
우리 옛날은 잊기로 하자

그날 웅덩이 속 조각달의 쓸쓸했던 표정도
커피와 빵이 있는 식탁에 앉아
영원을 이야기한 그도
저녁이면 기다린 초인종 소리도 놓아버리자

오롯이 나로 남아 눈 감으면
추억은 다시
저마다의 물색이 된 잎으로
우리 앞에 와 팔랑이기도 하겠지

　'헐거워진 시간'이라는 시인의 느낌 속을 파헤치면 지금은 없는 '그'가 존재한다. 그러니까 이제는 지금 이곳에 존재하지 않는 사람이기에 그만큼 헐거워졌다고 볼 수 있다. 역으로 말하면 그와 함께 한 시간이 시인에겐 충만한 삶의 자리였던 것이다. 그는 없지만 "오롯이 나로 남아 눈 감으면/ 추억은 다시/ 저마다의 물색으로/ 우리 앞에 와 팔랑이기도" 한다. 오롯이 나로 남는 사실만큼 중요한 발견은 없다. 인연과 함께했던 시간조차 오롯한 '나'가 또 다른 타자와 교감하는 자리였다. 그 시간과 이 시간, 두 시간대의 층위와 밀도는 다르겠지만 온전히 각자의 길로 영원처럼 흘러가는 게 인생이지 않겠는가. 너와 나, 그리고 나와 그가 손잡고 걸어가는 오솔길 같은 삶의 다리에서, 어느 누가 먼저 발걸음을 멈추든 아랑곳하지 않고 지난 추억을 되새김질할 수 있는 자가 먼저 떠난 사람을 다시 호출하는 일의 의미가 중요하다. 이럴 때 순간의 인연은 영원으로 이어지고, 영원으로부터 불러 세우는 지난날의 이미지가 사라지지 않고 남은 자의 배경을 수놓을 것이기 때문이다.

떠나려 합니다
얼굴은 차고 두 손 가지런한 채

흙빛을 닮으려는 몸을 보면서
슬프거나 측은하다고 할 순 없죠
그저 바라보기만 해야죠

부스러져 가는 잎맥 곁엔
여름벌레 갉아 먹은 자리
지나간 자리, 깊게 패였어요

여러 생명 키운 흔적이죠
구멍 나고 뜯겨 나간 한쪽 어깨
누군가를 위한
삶이었음을 보여 줍니다

봄이면 살구꽃 피는 마을
지붕들은 검은 리본을 달아
묵념에 들죠 인사를 합니다

안녕!

—「낙엽 이야기」 전문

이번 시집에 자주 등장하는 식물의 상상력을 잘 보여주는 시다. 낙엽을 형상화하는 시인의 손길이 마냥 안쓰럽지만, 오히려 떨어진 낙엽의 이미지에서 생명의 진실을 발견한다. "흙빛을 닮으려는 몸을 보면서/ 슬프거나 측은하다고 할 순 없죠/ 그저 바라보기만 해야죠"란 대목에서 순환의 마디 한 자락을 응시하는 고요한 눈매를, "여러 생명 키운 흔적이죠/ 구멍나고 뜯겨 나간 한쪽 어깨/ 누군가를 위한/ 삶이었음을 보여 줍니다"에서는 희생과 나눔을 본다. 한 계절 가지에서 돋아 싱싱하고 푸른 생명을 뽐내다 기운이 소진해 떨어진 낙엽의 형상은 그동안 줄기찬 생명의 움직임에서 겪었던 풍상이 고스란히 배어 있다. 땅 위에 드러누운 가랑잎에서 우리 인생이 곧잘 반영되는 까닭도, 사람의 운명 또한 청춘이라는 푸릇푸릇한 생명의 단계를 지나 어느덧 헤지고 헐거운 육체의 형상으로 이 세상과 작별하는 존재이기 때문이다. 무릇 모든 생명이 떠나는 자리는 아련하다. 사람이든 식물이든, 생명을 지닌 모든 것들이 마지막으로 인사하는 풍경에 비친 이미지는 서산에 떨어지는 태양을 가득 보듬은 노을처럼 비장한 느낌마저 드는 것이다. 태어남의 경이로움은 소멸의 어둑어둑한 이미지에 이르러 사그라든다. 만남과 이별도 마찬가지다. 만남이 주는 설렘도 곧 뒤이어 닥칠 이별의 순간 스며드는 황량한 빛이 던지는 그늘에 잠식된다. 그늘과 빛의 양쪽을 더듬다 아스라이 지워지는 생명의 가쁜 호흡을 생각하다 보면 사람의 일생도 덧없다는 사실을 곧장 알아차릴 수 있다.

새야! 산엘 가면
산수유 피던 봄꽃 찾아간
어린것들 찾아보렴

가까이 있을 오두막
고물거리며 나오는 노인은
그들보다 먼저 간 조상일 거야

밤낮 사립문 열린 집

마당 가 샘을 둔 까닭이사
어린 것들 목마르지 않기를 바라는
마음일 게야

모두를 눈에 담았다 돌아오면
세상에 없는 그들 거기 있었다고

볕 좋은 비탈에 흰 도라지꽃
흐드러지게 피었더라는

한겨울에도 가슴팍 열어젖혀
맨발이 된 여자에게 말해 주렴
-「흰 도라지꽃」 전문

위 시의 화자가 새에게 말하는 형식을 빌려 봄꽃
핀 산속 오두막과 아이들에 대한 형상은 아마 시인의
기억 속에 오랫동안 잊히지 않고 있는 풍경일 수 있
다. 조상이 되어버린 노인과, 사립문 열린 집 또한 마
찬가지일 것이다. 시인은 지금의 시점에서 옛날 한때
즐겁게 노닐던 고향의 정겨운 공간을 기억해 낸다. 설
령 시인이 시적 상상을 발휘한 형상화라고 하더라도
위 작품이 풍기는 고즈넉하고 아득한 풍경은 한국인
이라면 누구라도 겪거나 간접 체험했을 이미지다. '도
라지꽃'이 한국인의 정서에 오랫동안 남아 있다는 사
실을 상기한다면 위 시는 어쩔 수 없이 한국인의 정서
와 정감을 고스란히 표현한다. 철없는 어린 시절 뛰어
놀던 고향 이미지는 정도의 차이가 있을 뿐 성인이 된
모든 사람의 가슴 한복판에 지워지지 않고 남아 있을
것이다. 이는 "한겨울에도 가슴팍 열어젖혀/ 맨발이

된 여자"가 상징하는, 압축된 그리움의 응어리를 보아
서도 알 수 있다. 이 정서가 극한에 이르면 한^恨으로
점철되고, 한은 세월을 넘어 유전되는 존재의 속성으
로 남는다. 그렇다고 한 자체가 부정적인 것만은 아니
다. 이 속에 맺혀 있는 감정에는 빛과 그늘이 혼용되
어 있어서 그렇다. 언제라도 밝은 표정으로 뒤돌아볼
수 있거나, 그리움의 대상이 절대 나타나지 않더라도
그 대상이 있었다는 자체로 남은 삶의 길에 따뜻한 동
반자가 될 수 있기 때문이다.

빛바랜 낙엽을 태웠다
남은 재마저 바람에 날렸다

어젯밤 꿈에
지상에 없는 그를 만났다
여전히 환하게 웃는 그를
없다고 말할 순 없어
기억은 그를 보내지 않았으니

사라지는 연기 속
어렴풋 그가 걸어 나온다

　　　　　　　　　　　　 -「無와 有」전문

인연 따라 멀고 먼 나그넷길을 걸어가야 하는 인생에서 앞서거니 뒤서거니 세상을 떠나기도 한다. 시인은 이런 인연의 법칙을 '무'와 '유'란 한 글자로 나타냈다. 이 두 글자는 각자 스스로도 뜻을 나타내지만 두 글자가 엮이어 '유무'라는 단어로도 많이 쓰이는 말이다. 없음과 있음이란 종교에서 흔히 말하는 존재의 진리나 세상의 법칙이 아니더라도 일상에서 자주 만나게 되는 현상을 적합하게 풀어쓸 수 있는 낱말이다. "어젯밤 꿈에/ 지상에 없는 그를 만났다/ 여전히 환하게 웃는 그를/ 없다고 말할 순 없어/ 기억은 그를 보내지 않았"다는 말에 주목한다. 오랜 인연으로 함께 지내다 먼저 간 사람을 꿈속에서 만난다면, 현실에서는 없지만 마음속에서는 영원히 남아 있는 사람이다. 이것은 '기억'에 저장된 실존 형식이다. 오고 가는 인연의 물결 위에 무늬처럼 남아 있는 흔적을 헤아리면, 시간이 주는 공허감도 자연처럼 가볍게 흘려 내보낼 수 있을 것이다. 이 또한 시간이 주는 묘약이 아닐까.

정상에 오르면
내려다보리라 했습니다
그러나 눈은 먼 능선을 봅니다

능선과 능선 사이엔 구름이 있습니다
너머엔 바다가 보입니다
더 너머엔 없습니다
상상의 눈은 뜨는 것이 아니죠

한 무리 새가
능선을 넘어 멀리 날고 있습니다
눈이 편안해졌습니다

지금 산을 내려간다면
늦은 저녁 술 취해 비틀거리는
당신에게도
웃음으로 맞을 여유를 얻은 셈이죠

우리 이젠
동네를 떠나 앉은 저 능선이어도 좋겠어요
누군가가 가끔은 바라보기도 할
                    ―「먼 데를 본다」 전문

"우리 이젠/ 동네를 떠나 앉은 저 능선이어도 좋
겠어요/ 누군가가 가끔은 바라보기도 할", 능선과 능
선 사이 떠다니는 그리움을 시인은 헤아린다. 이 그리

움을 넘겨다보는 눈은 "상상의 눈"이다. 현실에서 바라보이는 능선과 능선 너머의 풍경에 상상의 이미지에서 증폭되는 시·공간의 세계가 더해지면 인연 따라오가는 정인情人의 그리움 못지않게 끝도 시작도 없는 광활한 평온함의 숲속을 거닐 수 있다. 모두 어디서 나왔다가 어디로 가는지 알 수 없는 세월 속에서도 우리는 하루를 더없는 행복에 젖어 지낼 수 있다. 그러는 한편으로 우리를 떠났던 이가 먼저 걸었던 길을 되짚으며 해후하기도 할 것이다. 바람에 살랑거리면서 떨어지는 꽃잎처럼 우리는 언젠가 왔던 곳으로 되돌아간다. 먼저 간 이들을 따라 걸으며, 먼저 간 이를 떠올리며 적막한 오솔길을 건너는 삶이다. 이여해 시집은 그런 이미지와 삶의 형상을 아득한 하늘을 손짓하며 그리는 포즈로 표현한 언어의 습작이자 시의 표정이다.

방황도 무늬가 된다

초판 1쇄 발행 2025년 8월 29일

지은이 이여해

편집 방정원

펴낸곳 도서출판 놀북

출판등록 제573-2019-000011호

편집실 충북 청주시 상당구 수영로 162

전화 010-2714-5200

전자우편 nolbook35@naver.com

ISBN 979-11-91913-45-3(03810)

값 13,000원

· 본 도서는 2025년 부산광역시, 부산문화재단 〈부산문화예술지원사업〉으로 지원을 받았습니다.